DFSolutions

4^ edizione, ottobre 2019

Ringraziamenti

Questo libro lo dedico a tutte le persone che hanno cercato di "fregarmi" nella vita, grazie alle quali ho imparato a mia volta a come "fregarle"…

Sinossi

Perché non possiamo essere ricchi? Perche non possiamo essere tutti ricchi come Mark Zuckerberg, che (a 34 anni) possiede un patrimonio di circa 55 miliardi di Dollari USA? Perché non possiamo essere come lui? ...ma soprattutto: perché non ce ne frega nulla di esserlo?

Possiamo dimenticarli tutti quanti questi stramilionari e vivere nel 10% più ricco del pianeta semplicemente continuando la nostra vita con alcune accortezze importanti. Non è la "fuffa" del youtuber, dell'imprenditore del con sistema Ponzi o l'atteggiarsi da gagà che ti farà vivere il lusso...

Quando avrai in mano le redini della tua vita, consapevole del percorso SANO di crescita personale, professionale, finanziaria, patrimoniale, intellettuale, ecc. potrai benissimo definirti un uomo che vive nel lusso, rispettato ed ammirato ...e questo sono pochi a conoscerlo.

Ti guiderò su come fare <u>LEVERAGE</u> con lo stretto indispensabile che la vita ordinaria già ti offre...

INDICE

RINGRAZIAMENTI..I

SINOSSI III

INDICE V

CAPITOLO 1 INTRODUZIONE AL CAMBIAMENTO 6

   1.1 Fai leva sulle risorse disponibili 6
   1.2 Reset e ...restart! 10

CAPITOLO 2 FORTIFICA TE STESSO...13

   2.1 Il benessere e l'aspetto fisico..13
   2.2 La formazione 17
   2.3 L'attività 19

CAPITOLO 3 IL LUSSO DELLE COSE 25

   3.1 Il guardaroba 25
   3.2 La vettura 32
   3.3 La dimora 35

CAPITOLO 4 IL LUSSO DEL TEMPO LIBERO 39

   4.1 Le ferie 39
   4.2 Gli amici 42
   4.3 L'amore 44

CAPITOLO 5 FACCIAMO IL CONTO DI COME AVERE I ...SOLDI!.........................47

   5.1 Promemoria della persona ricca 47
   5.2 Dulcis in fundo 48

SITI INTERNET UTILI E TANTO ALTRO ANCORA… 51

CAPITOLO 1
INTRODUZIONE AL CAMBIAMENTO

1.1 Fai leva sulle risorse disponibili

Perché non possiamo essere ricchi? Perche non possiamo essere tutti ricchi come Mark Zuckerberg, che (a 34 anni) possiede un patrimonio di circa 55 miliardi di Dollari USA? O come Larry Page & Sergey Brin, Larry Ellison o Jeff Bezos? ...la maggior parte dei quali si sono arricchiti con la "new economy", o meglio con la "share economy" dove, come molto spesso accade, ogniuno degli utenti diventa un lavoratore senza contratto in cambio di un "piccolo servizio" di web hosting per entrare nella (loro) rete (o ragnatela...).
Bhe,... le ragioni sono diverse e molteplici. C'è da dire una verità, che può piacere o meno, che è quella che non tutti possono diventare miglionari. Esistono dei fattori fisici, genetici, temporali, geografici, culturali, e molti molti altri piccoli fattori minori che concorrono a far divenare qualcuno milionario oppure no. Non c'è da stupirsi se si sente dire da qualche milionario che la loro idea, il loro prodotto, la loro fabbrica è ad un certo punto "esplosa" nelle vendite, nei profitti, nel numero dei clienti. Semplicemente si trovavano nel luogo giusto e nel momento giusto per ottenere quel mix perfetto che gli ha fatti diventare migliardari PUNTO Non c'è da stupirsi se qualcuno soffre più di

debolezze fisiche o è più predisposto a subire lo stress rispetto ad altre persone. Non c'è da stupirsi se una idea che sarebbe un fallimento in un area geografica diviene eccezionale in un'altra. Come non c'è da stupirsi se Mark Zuckerberg è diventato migliardario creando il suo network negli USA, nel momento storico dove MySpace diventava sempre più intrecciato con i siti di dating e di "active" networking. Ed anche tu lo saresti potuto facilmente diventare se fossi capitato in quella situazione, spinto dalle circostanze, spinto dalle tue ambizioni. Semplicemente non lo sei diventato perché il tuo sistema è fondato in circostanze diverse, ma ugualmente sfruttabili per ottenere la tua piccola/grossa fetta di ricchezza.

E dunque,... FREGATENE PURE degli ultramiliardari! Puoi tranquillamente gestire nel migliore dei modi il tuo destino, anche restando dove sei; puoi tranquillamente arrivare alla tua indipendenza economica ed avere successo nel mondo del lavoro, semplicemente utilizzando al meglio ciò che già possiedi e poterti poi privilegiare di essere nel top del 10% più agiato del mondo. ...un lusso vero?!

Il successo può dunque arrivare, e arriverà con molta pazienza e molto sudore,... Ti deve scoraggiare? NO! NO, perché il "subito e facile" non esiste ed, infondo, non è questo quello che cerchi... e fai attenzione a chi ti vende la cyber finance, il marketing online o delle altre occupazioni piramidali che ti promettono di guadagnare 10'000 dollari al giorno... Essere ricchi non significa questo, significa stabilità finanziaria ed indipendenza economica dagli altri, una posizione di rispetto e una libertà dal sistema nel quale sei immerso. Sì, potrai vivere tranquillamente una vita da lusso, consapevole che ciò che ti stai permettendo è riservato solo al privilegiato 10% più ricco del nostro pianeta...

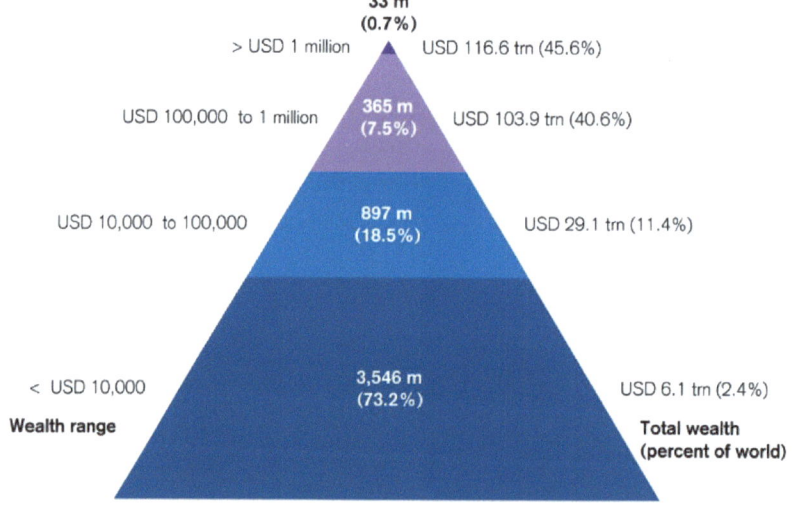

Dunque, dimenticarli tutti quanti questi milionari di cui, infondo, non ci interessa più di tanto, e cerca di vivere giusto in quel 10% più ricco del pianeta semplicemente continuando la tua vita con alcune accortezze importanti. Infondo, quello che ti renderà ricco non sarà la quantità di soldi che vale la tua società (infatti i milionari sono calcolati sul valore dei loro beni, che in gran parte coincidono con il valore delle loro società), ma sarà lo stile di vita, il benessere, l'indipendenza economica, il piacere della sicurezza, il sapere delle idee ...e tutto questo è un LUSSO per pochi.

Il tuo stile di vita lussuoso può infatti divenire realtà semplicemente facendo leva su un ammontare di benessere, conoscenza e soldi che già possiedi ma che non stai sfruttando al 100%. Come ti ho spiegato fai attenzione a tutto il fuomo

- o "fuffa" - come trading on line, vendita piramidale, diventare il "personaggio" di youtube o lo speaker della televendita... no! Non è la "fuffa" che ti farà vivere il lusso... ma il leverage delle cose cha già possiedi, dei tuoi risparmi, dei tuoi sogni, che ti faranno aumentare i guadagni. SFRUTTA LE TUE POTENZIALITA.

E ricordati sempre che risparmio = guadagno ...ed il guadagno ti permette di accedere al benessere ed al piccolo lusso che tanto desideri. Così vale anche per le idee, il tuo aspetto fisico e la tua sicurezza delle azioni.

Così, quando avrai in mano le redini della tua vita, consapevole del percorso SANO di crescita personale, professionale, finanziaria, patrimoniale, intellettuale, ecc. potrai benissimo definirti un uomo che vive nel lusso. Ti svelo poi un segreto: molti "ricconi" questo lusso non lo conoscono... sono semplicemente dei parvenues, degli arricchiti senza saperlo ma dai modi e dal pensare dell'ultimo degli scansafatiche.

Vediamo come iniziare passo dopo passo a costruire una nuova vita, piena di gioia, ricchezza e benessere facendo LEVERAGE con l'indispensabile che GIA' POSSIEDI ! Sfrutta quello che la vita ti offre ...**al massimo (!)** per ottenere maggiori risultati e vedrai come, provando e riprovando, ti ritroverai in una posizione di benessere da fare invidia al restante 90% del mondo. Con onestà, dignità e perseveranza.

1.2 Reset e ...restart!

Prima di tutto butta via tutto, anzi, vendi via tutto quello che non ti serve. Ci sono molti siti online, mercatini dell'usato, stockisti e negozi di antiquariato o che vendono oggetti vintage e che ti possono acquistare - anche in blocco - tutto il tuo materiale che non utilizzi più e che è solo destinato a riempire le soffitte. Sbolognalo, vendilo e monetizza. Non sarà molto ma sarà un primo passo verso la tua liberà economica.

Inizia poi a liberarti di tutte le altre cose inutili, che non usi più, che ti ingombrano spazio e sono solo un lontano ricordo di festicciole, amicizie o eventi del tuo remoto passato. Liberati di tutto il superfluo, liberati di queste catene del passato e tieniti solo lo stretto indispensabile, quello che ti potrà tornare utile nel tuo percorso di crescita, oppure quello che è già ora VERAMENTE utile per far ripartire la tua vita. Tieni dunque solo gli elementi fondamentali che ti fanno ricordare chi sei come persona. Tutti gli altri, tutte le altre cose che ti sei appicciato o ti hanno incollato addosso te ne puoi tranquillamente liberare senza alcun rimorso. Liberatene oggi ed il gioco è fatto. Non ci impiegherai più di qualche ora per scegliere cosa tenere e cosa gettare... vedrai che di molte cose, infondo, solo una piccolissima parte veramente serviva per te.

Poi ti devi liberare anche dei pre-concetti. Molto spesso siamo vittime di azioni, scelte, consuetudini del passato, che ci portiamo avanti senza sapere il perché. Bene: il primo passo da fare è <u>semplicemente liberarsene</u>. Nulla di più semplice. Liberati di un pezzo oggi, liberati di un pezzo domani… e continua fino a quando non avrai che l'essenziale. Sì,… un cambiamento radicale, lasciando tutto il superfluo e staccandoti di tutte le cose inutili che la vita e la società ti circonda.

Ti senti già più leggero a pensare di aver buttato via la foto della tua ex? Di aver smesso di curiosare su facebook cosa fa il tuo vecchio compagno di banco tanto odiato? Ti pare di sentirti bene ora che hai finalmente abbandonato quel circolo di "boyscout" che non ti era mai piaciuto e neanche tu sai perché ci sei finito dentro? …e che dire di quel falso amico che non si è ricordato nemmeno del tuo compleanno? Sì,… bravo: butta via tutto il superfluo. Butta via quello che ti avevano detto di indossare, butta via quel soprannome o quel modello che gli altri ti avevano fatto credere di essere. Non perder tempo,… il tempo è successo, il tempo è denaro, il tempo sono occasioni che ti corrono davanti… cogli le nuove occasioni (<u>subito</u>!) e lascia indietro il tuo passato. Sei ormai un treno in corsa verso il successo! Bravo!

Dopo che ti sei liberato di tutto e di tutti quelli che non ti servono nella tua vita, finalmente potrai iniziare il tuo percorso di vita, quello che hai tanto desiderato e che per 1000 motivi non hai mai percorso. "Non è il momento buono", "non mi sento bene", "non sono preparato", ecc. **balle!** Dopo che ti sei liberato di tutti i pesi mentali, indotti e condizionati dalle cose del passato, da conoscenti, dalla società e dal tuo vecchio vicino di scrivania potrai prendere in mano le redini del **TUO** DESTINO!

CAPITOLO 2
FORTIFICA TE STESSO

2.1 Il benessere e l'aspetto fisico

Il benessere e l'aspetto fisico devono essere al primo posto. Sì, perché se vuoi cambiare la tua vita devi puntare sul benessere fisico e, vedrai, si tramuterà anche in un benessere mentale. "Mens sana in corpore sano " come dicevano i latini. E questo è **VERISSIMO !** Si può dire che ci sia una vera e propria correlazione tra il benessere fisico ed il benessere mentale, e, da questo, otterremmo tutta la forza delle idee che ci permettono di migliorare, di giorno in giorno, il nostro (il tuo) futuro.

Infatti il tuo benessere fisico ti porterà ad una più alta concentrazione di endorfina, ormoni, una diminuzione degli acidi, ecc. Sono veramente tante le cose che migliorano con una corretta e costante attività fisica. Tale attività dovrà infatti essere fatta con regolarità per poter trarne tutti i benefici.

Un secondo passo verso il benessere fisico é la dieta. Sì, infatti, come dimostrato da numerossisime statistiche, ricerche, indagini, libri, programmi, ecc. la maggior parte dei benefici che il corpo può trarre è dovuta ad una corretta e sana alimentazione. Evita i fast-food... e se puoi anche i ristoranti, i bar, le caffetterie e tutto ciò che trovi casa a basso prezzo o "giusto per togliere lo sfizio". No, no e poi no! Sono molto dannosi per la tua salute ed anche per le tue tasche. E' infatti conclamato come, a parità di stile di vita (sportivo, semi-sportivo, semi-sedentario, sedentario, ecc.) il cibo dei fast-food ingrossa il fegato, aumenta il colesterolo ed i grassi a causa delle sostanze oleose, materie prime di bassa qualità, e salse che in esso si trovano. Per non parlare del poco tempo messo a disposizione per sedersi e mangiare con santa calma.

dunque inizia, piano piano (datti pure 45 giorni), a migliorare la tua dieta

Non inizare a non mangiare o mangiare diversamente da quanto sei stato abituato dall'oggi al domani perché 1. non ce la farai, e, 2. ha effetti controproducenti. Inizia dunque con il giusto ritmo, giorno dopo giorno, col ridurre il sale, col ridurre lo zucchero, con ridurre i carboidrati elaborati ed invece con l'aumentare le carni bianche, con l'aumentare i legumi, con l'aumentare la verdura e la frutta.

Fai una dieta equilibrata, con attenzione particolare ad assumere proteine, che sono la fonte giusta per migliorare la muscolatura. Cerca se puoi, una volta alla settimana, di saltare il pasto serale, per aumentare i tuoi livelli di testosterone ed avere ancora più energia il giorno dopo. Inizia fin da subito la tua dieta, e seguila per almeno 120 giorni,... dopodiché essa sarà tua, assimilata nella tua routine quotidiana, sarà il tuo stile di vita. Perché dopo un periodo di assimilazione la dieta, come molte altre nuove cose che scoprirai, inizierà a diventare una abitudine, a diventare normalità.

Da affiancare alla dieta sarà una sana e regolare attività fisica. La puoi anche fare GRATIS. Si tratta di esercizi a <u>corpo libero</u>, perché è facile, divertente e non costa niente. Il che è utile anche per le tue tasche. Che cosa c'è di meglio di fare delle flessioni nel parco, oppure una corsa tra le montagne, oppure una serie di addominali comodamente sul tappettino in casa? Molti tutorial video che trovate su internet vi spiegano come, con nulla, con solamente il vostro corpo, si possono ottenere dei risultati pari a quelli che si possono ottenere in una palestra attrezzata. Sì, perché il risultato che è auspicabile ottenere non sarà quello di un macho gonfio di steroidi, ma quello di un sano atleta.
Il corpo libero ti aiuterà a dirigerti verso questa direzione, che è anche molto apprezzata dal sesso opposto... Allora: evita di pompare i muscoli fino a farli scoppiare ma concentrati sul benessere fisico di un corpo atletico. Concentrati nel <u>definire</u> i muscoli, nella forza, anziché sulla massa; concentrati nella proporzione tra peso corporeo e massa grassa e nella proporzione delle forme. E tutto questo non costa nulla: devi solamente utilizzare te stesso, la forza della determinazione e la forza di gravità!

Puoi iniziare piano, piano già da oggi. Prenditi qualche minuto per riflettere qual'è il TUO obiettivo, prenditi anche un momento più lungo di riflessione prima di iniziare gli esercizi e, una volta che avrai delineato il tuo obiettivo, PARTI ! Parti e continua, con costanza e regolarmente almeno quattro volte alla settimana. Se poi riesci a farlo ogni giorno tanto meglio, ma ...non strafare! Il tuo corpo ha bisogno anche di riposo. E se, infine, vuoi ottenere una maggiore massa muscolare puoi sempre prenderti dei pesi da utilizzare in casa. Senza spendere molti soldi in palestre o wellness centers: con meno di un centinaio di euro trovi tutto l'indispensabile per sollevamenti, manubri ed elastici.

Ultima cosa è il sonno: il sonno è un elemento fondamentale per il benessere fisico. Dormi bene, dormi abbondantemente ...8,9, ed anche 10 ore per notte. E' infatti risaputo che il sonno porta benefici incredibili al corpo ed anche alla mente. Soprattutto dopo che hai effettuato una lunga attività fisica (serale) ti ci vogliono delle ore per far riposare adeguatamente il tuo corpo. Fai attenzione che la tua stanza sia silenziosa (se no mettiti pure dei tappi per le orecchie), fai attenzione che non ci siano fonti luminose accese e stacca gli occhi dal tuo smarthphone almeno 30 minuti prima di andare a letto. Non stare attaccato alla TV fino a tardi e preferisci un buon libro al solito tablet. Fai in modo che tutto sia perfetto per una bella e lunga dormita! ...ah, dimenticavo, se poi dopo pranzo, verso le 12:30, hai tempo per 10 minuti di pennichella fai pure quella... è un toccasana!

2.2 La formazione

Ti senti meglio? Ti senti già rigenerato? Ti senti più forte? Bene! ...allora è arrivato il momento giusto per aggiungere alla tua routine del benessere anche la formazione. "Non esiste vento favorevole per il marinaio che non sa dove andare" diceva Senaca ...ed in fatti è <u>vero!</u> La prima cosa che devi mettere in testa è cosa vuoi diventare, quale direzione prendere. La formazione ti farà diventare uno specialista di una determinata cosa: il manifatturiero, il settore bancario, la finanza, le costruzioni, l'agricoltura, i rapporti internazionali, le lingue, ecc. C'è una infinità di settori nei quali specializzarsi, divenare un esperto e far fruttare il proprio sapere. Bene, è giunto il momento di capire in quale direzione concentrare il TUO talento. E se poi stai già operando in quel determinato settore tanto meglio... la formazione sarà il volano per assumere un ruolo più importante, di rispetto e meglio pagato.

Ormai su internet come nelle aule c'è una infinità di occasioni per apprendere. Leggi ed assimila dei libri sul management piuttosto che sul tuo settore; questo ti sarà utile come avere una **laurea alla Harvard University**. E' infatti riscontrato come una persona che studia, si informa, ascolta, prova e riprova (anche fallendo) riesca a raggiungere i posti più alti nella nostra società anche senza avere in mano un diploma oppure una laurea.

Leggi, informati, ascolta delle trasmissioni d'interesse e di cultura; pregerisci gli audiobook alla solita radio; vai poi a seminari e corsi brevi; resta aggiornato, studia e apprendi. Non c'è migliore investimento che nella tua formazione ...questa ti fornirà una leva incredibile sul tuo successo quotidiano! "Leaders are readers!" si dice in inglese... "i capi leggono!" ...e allora: leggi, leggi, leggi! Una lista delle fonti d'informazione GRATUITA di conoscenza per approfondire il tuo settore possono essere:

- blog, siti internet specialistici, canali tube, ecc.
- biblioteche, circoli di lettura, librerie "opendays", ecc.
- seminari gratuiti, fiere, manifestazioni, ecc.

...molteplici... veramente tante! ...e tutte queste fonti le puoi arricchire con la TUA esperienza personale, farle TUE, interiorizzare le conoscenze in TE ed applicarle, perché no, in maniera creativa... alla TUA maniera!

Se poi vuoi un percorso più classico ci sono anche gli istituti di formazione. Scuole, corsi di formazione superiore, università, fondazioni universitarie, ecc. sono tutte istituzioni che alla fine di un percorso che in genere varia dai 2 ai 5 anni ti consente di ottenere un diploma riconosciuto dal MIUR, il ministero dell'istruzione. Ma non focalizzarti troppo sul diploma, focalizzati sul percorso che ti porta a tale diploma. Il percorso sarà la fonte delle tue vastissime conoscenze ed il tuo specifico sapere; poi, il diploma, sarà solo un piccolo "plus" per presentarti davanti ai tuoi interlocutori, il certificato del tuo impegno nello studio e nell'apprendimento istituzionalizzato.

Hai già deciso su quale settore incrementare le tue capacità? ...**pensaci! E comincia** già da oggi a spulciare tra le varie fonti d'informazione per arricchire la tua mente e le tue conoscenze. Scoprirai benpresto una vastità infinita di nozioni e concetti da applicare nella tua vita e per la tua attività di successo.

2.3 L'attività

Bene, passiamo ora dal guadagno passivo - e cioé il risparmio, dagli investimenti in te stesso - fisici e nozionistici, al guadagno attivo - e cioè l'attività. La tua attività professionale è la fonte delle entrate che percepisci, e dunque al tuo potere d'investimento. Più grandi saranno le tue entrate, al netto delle spese, maggiore sarà l'ammontare disponibile per effettuare gli investimenti. Cerca dunque di massimizzare le entrate come riesci a minimizzare le uscite. Trova un impiego che ti faccia entrare un sacco di …SOLDI! E se lo hai già non cambiarlo ma massimizza le tue capacità e rendi importante il tuo ruolo. Creati un metodo, sperimenta il metodo che hai visto fare da tanti altri che hanno successo, fallo tuo e continua a migliorarti-migliorandolo. Il tuo metodo diverrà ben presto quotidiantità, una regola da applicare con costanza e perserveranza giorno dopo giorno. **Sei un treno** che marcia in un'unica direzione, in un unico binario… verso il successo! Il metodo sarà la tua locomotiva che ti consenste di viaggiare a tutta velocità verso il tuo obbiettivo di benessere economico ed indipendenza finanziaria. Continua poi a caricare il tuo "treno" con altre attività, senza appesantirti, ma arricchendoti per ogni nuova attività che compi.

Il tuo impiego, la tua attività può essere di carattere dipendente oppure autonomo. Nel primo caso dovrai semplicemente impegnarti con regola, costanza e perserveranza all'interno di una organizzanizzazione, impresa o ente. Comincia dal basso, apprendi bene i "fondamentali" del tuo lavoro e poi aggiungici, <u>senza strafare</u>, altri compiti, altri "tasks", altre attività. Costruisciti il tuo spazio all'interno di questa organizzazione, impresa o ente. Fai vedere, con costanza, un miglioramento in termini qualitativi e quantitativi del tuo operato.

Cerca di diventare indispensabile e fondamentale per questa organizzazione, impresa o ente. Fai in modo che senza di te tutto crollerebbe. Prendi dunque le redini di alcune attività fondamentali ed eseguile alla perfezione.

Sì, il segreto molto spesso è nel ritagliarsi il proprio spazio, per poi allargare la sfera delle tue attività e delle tue funzioni complementari e collegate; ma ripeto: attenzione a non strafare! Otterresti l'effetto contrario! Fai dunque al meglio il compito che ti è stato assegnato, in maniera precisa, puntuale e costante fino ad arrivare alla perfezione. Poi concentrati anche sui compiti collegati, magari dimenticati da qualcuno, le cosiddette "aree grigie" dove non si sa chi esegue quella attività.

Assumi dunque un ruolo a 360°, ben connesso e collegato con le attività che compiono i tuoi colleghi. In questo modo il tuo ruolo iniziale diventerà sempre più un ruolo "chiave" e di coordinamento tra altre funzioni all'interno dell'azienda. Cerca, in altre parole, di non lavorare a "compartimenti stagni" ma collabora e compi delle attività di connessione tra le varie aree di lavoro. Cerca di fare in modo che i tuoi colleghi e tutto lo staff si accorda che la tua funzione è un ponte, è una chiave di volta per l'organizzazione. Utile per l'attività specifica che compi, ma utile anche per altre attività che a te fanno riferimento. Una organizzazione è infatti composta da più attività. La tua dovrà essere indispensabile. Così facendo il tuo ruolo passerà da mero esecutore ad un coordinatore-manager, con importanti risvolti in termini salariali e dunque GUADAGNO.

L'alternativa... è diventare imprenditore!

Se, invece, preferisci lavorare per te stesso, essere autonomo, essere un self-made-man allora opta per una attività di tipo imprenditoriale. L'attività imprenditoriale nel lungo perido è quella che da maggiori soddisfazioni in termini retributivi. Infatti la maggior parte delle persone agiate (i cosiddetti "ricchi") proviene da un percorso imprenditoriale, dove la propria attività portata ad alti livelli gli ha fatto **guadagnare un sacco di soldi!** Evita sistemi Ponzi, sistemi piramidali e tutte quelle cose del tipo "vendi al tuo vicino o ai tuoi parenti questo o quel pacchetto". Prima cosa fatti pubblicità: il marketing è la chiave di successo per tutti quelli che vogliono lavorare "per se". Costruisciti la tua immagine, costruisciti il tuo biglietto da visita... pubblicizzati e venditi al meglio che puoi. Questo sarà un primo passo per attrarre i tuoi clienti.

Seconda cosa, non aspettare i clienti... cercali! Valli a scovare, invia le richieste, usa i socials, usa le emails, usa i network, le conoscenze, le associazioni, i clubs, ecc. Presentati a tutti quelli che ti puoi presentare, con garbo e simpatia. Presentati e fatti presentare e cerca di capire perché il tuo interlocutore ha bisogno di TE. Proponigli la tua prestazione, il tuo prodotto, il tuo servizio se intuisci che il tuo interlocutore è veramente interessato a TE, ma lascia perdere se vedi che non ha necessità della tua offerta. Poi concentrati sempre di più verso chi è disposto a pagarti meglio, lasciando perdere le fette di mercato meno remunerative.

Attento però a non cascare tra i perditempo. Ricordati infatti che molti ti offriranno di divenare milionario, un imprenditore di successo, un super ricco se collabori con loro... ma la facile ricchezza che ti propongono è in realtà <u>falsa</u>. Invece concentrati nella tua attività, con costanza, per raggiungere un benessere importante, costante e durevole per tutta la vita. Per contro, chi offrirà altre "strane" avventure di immaginari successi immediati si scontrarà ben presto con la realtà, realizzando solamente di aver perso soldi e tempo. Non perdere tempo con altre cose, non ce n'è a sufficienza! Non perdere tempo sui Social ma usali, per la tua attività. Pensa costantemente al TUO business.

Concentrati nel tuo obiettivo di far soldi, di far crescere la tua attività, di far conoscere a quante più persone possibile quanto è utile il tuo business ...e vedrai come anche i tuoi guadagni cresceranno esponenzialmente. Reinvesti, su te stesso e su quello che stai facendo. Se poi, ad un certo punto, non riuscirai ad eseguire tutti i tuoi compiti da solo comincerai ad avere necessità di avere (validi) collaboratori, una nuova sede, un nuovo ...piccolo impero! Ma non montarti la testa: i più grandi successi vengono costruiti nel tempo, consolidando le esperienze. Le "bolle" lasciale alla finanza. Te continua a concentrarti sulla tua attività in espansione. Scegliendo bene collaboratori, fornitori ed aiutanti e... bhe, se sei arrivato a questo punto ogni altra indicazione risulta superflua ;)

Ultima cosa: cerca di copiare le persone di successo che ti stanno attorno. Copia... con abilità! Non importa quale percorso tu abbia intrapreso ma cerca di copiare con astuzia, di "rubare" i segreti di chi è passato prima di te. SII VORACE !

CAPITOLO 3
IL LUSSO DELLE COSE

3.1 Il guardaroba

Chi ha detto che "l'abito non fa il monaco"? ...balle! É esattamente il contrario. E chi ha detto che "chi è ricco veste abiti firmati"? ...balle! Non é vero che le persone ricche possiedono un guardaroba con gli abiti firmati da Gucci, Armani o Versace. Fatto salvo i soliti pochi miliardari, di cui non ce ne frega nulla ormai. I ricchi, il 10% più ricco del pianeta, si gode il lusso dell'eleganza senza spendere migliaia di euro per dei mocassini o per un pull-over.
Vestiti con eleganza, sobrietà e "classe". Vestiti con consapevolezza dello stile; e lascia perdere tutte le mode passeggere. Vestiti con un'attenta selezione di indumenti che si possono trovare anche negli store o negli ipermercati. E non riempirti di cose che poi finiscono nell'armadio per usarle forse una volta o due. Concentrati sull'essenziale e sul classico, che non hai <u>mai</u> bisogno di cambiare da usare ogni giorno senza stancarti. Il cosiddetto "senzatempo" è la strategia migliore per evitare di rincorrere frivole mode che fanno solo arricchire le casse delle multinazionali e fanno perder tempo nel cercare l'ultimo accessorio. Usa il tuo tempo per altro. Usa i tuoi soldi per te stesso. Pertanto la

tua strategia agirà esattamente nel verso opposto alla frivolezza modaiola, facendoti risparmiare (=guadagnare) un sacco di SOLDI e TEMPO.

Il modello che ti propongo è quello del casual business, il quale non solo ti darà l'aspetto di una persona benestante, ma anche ti frutterà in termini di risparmio, salario e... amore! Il guardaroba di un uomo ti creerà quell'immagine di benessere tanto invidiata. Il tuo guardaroba non può mancare di alcuni fondamentali, che sono poi le UNICHE cose che ti servono...

MODELLO	FOTO	COSTO
6 camicie in cotone		150 EUR
3 pull over lana		95 EUR
3 pull over cotone		70 EUR
5 Polo t-shirt		45 EUR

1 giacca blazer blu		85 EUR
1 pantalone color kaki		25 EUR
1 paio di blu jeans		20 EUR
3 pantaloni colori neutri		75 EUR
1 completo blu misto lana		145 EUR
1 completo nero misto lana		145 EUR
	TOTALE :	855 EUR

Di scarpe non eccedere finché non sono giustamente utilizzate. Ti possono bastare che 6 paia e due ciabatte:

MODELLO	FOTO	COSTO
Scarpa "derby" pelle marrone		80 EUR
Scarpa "derby" pelle nera		80 EUR
Sneakers tela blu		10 EUR
Polacchini scamosciati marrone		65 EUR
Scarpe running grigie		60 EUR
Mocassini scamosciati marrone		40 ERU
Infradito plastica nere		5 EUR

Pantofole tela nere		9 EUR
	TOTALE :	**349 EUR**

Perché queste scarpe con questi vestiti ti rendono ricco? Il segreto è scegliere il giusto abbinamento classico. Così come per i vestiti, anche le scarpe. Scarpe e vestiti ti daranno un look casual-business giusto per ogni giorno, da usare senza stancarti e senza stancare ma soprattuto **da usare**, piuttosto che da dimenticare nell'armadio... Pertanto nel guardaroba del gentiluomo moderno non ci dovrebbero essere più di una ventina di capi.

E l' underwear? L'intimo di un guardaroba dovrà essere necessariamente BIANCO, il quale da una bella sensazione d'igene e pulito. Sull'abbigliamento intimo bisogna essenzialmente suddividere per stagioni: estate, autunno/primavera e inverno. Stop. Il resto sono tutte fuffe che ti cercano di vendere le varie multinazionali della moda intima con lo scopo di indurti a comprare quel modello o quell'altro per una presunta moda in corso o "perché a le donne piace così. Ultima cosa sulle canottiere: mai e poi mai si devono intravedere dai vestiti. Per questo è bene utilizzare uno smanicato abbondante per l'estate e un collo a v per le altre stagioni.

Infine gli accessori. Orologio, cintura, cravatta,... l'indispensabile tocco di raffinatezza per cambiare il tuo look in una persona elegante. Anche in questo caso non occorre spendere cifre ma concentrarsi sul "senzatempo", un modello che lo puoi indossare oggi come tra 10 o 20 anni senza problemi. I tuoi accessori "senzatempo" saranno...

MODELLO	FOTO	COSTO
Cintura in pelle semilucida color marrone		15 EUR

Cintura in pelle semilucida color nero		15 EUR
Orologio sportivo metallo		35 EUR
Orologio casual plastica		55 EUR
Orologio sportivo plastica		15 EUR
Cravatta regimental		15 EUR
Cravatta club		15 EUR

Fazzoletto seta bianco		9 EUR
Guanti pelle marrone		25 EUR
	TOTALE :	**199 EUR**

Una volta che gli abiti saranno giustamente utilizzati ti basterà cambiarne con un paio identico, senza affannarsi a rincorrere l'ultima pubblicità. Fai attenzione a questo passaggio... infatti molto spesso ci viene voglia di "cambiare" avventurarci in look nuovi, diversi,... ma è una tentazione! Continua a coltivare il tuo look casual-business (...ad un prezzo accessibile!) ed anche le persone che ti stanno attorno apprezzeranno la tua sicurezza e consapevolezza nelle tue scelte in materia di abbigliamento. Una sicurezza che ora non è sono interiore ma manifesta con il TUO look, e non quello indotto dalla pubblicita. E gli effetti saranno positivi anche nella tua attività professionale e... sentimentale!

Ma facciamo dunque i conti di quanto ci costa ogni anno e ricordiamoci che le stagioni per fare gli acquisti sono solo una: durante i SALDI. Perché spendere di più quando si può risparmiare?

3.2 La vettura

La vettura non è solamente un mezzo di trasporto per l'uomo ricco. Ma è un "giocattolo", un "piacere", un "peccato" desiderabile. L'uomo ama i motori, il suono di questo "giocattolo" che è un piacere possedere che va oltre l'essere un semplice asset, un oggetto utile per il lavoro ed il trasporto autonomo. La vettura è un lusso ed un vizio, e come tale deve essere soddisfatto nel migliore dei modi. Ma quale tipo di auto si addice per ottenere il massimo piacere dalla guida, con il minimo dei costi e dunque, con il massimo del risparmio (=guadagno)?

L'attenzione dovrebbe essere spostasta su delle auto sportive. Un sacrificio tocca compiere, la comodità,... ma questa non va quasi mai d'accordo con la sportività. E allora, saremo anche ben contenti di sedere su un tre porte che ci dia tutto il look e la grinta delle auto sportive, oppure su un cabrio del segmento B, oppure su una super sportiva del segmento C (talora chiamata dagli inglesi "compact executive car"). Ma non adremo oltre, per non ricadere nel "goffo", "sovradimensionato" e... "pesante"! ...e ricordiamoci anche il contesto delle città e strade italiane dove manca spazio e parcheggio.

Dimentica poi quei "mostri" ibridi tra un pick-up ed una utilitaria, oppure quelli tra un furgonicino ed un station-wagon, oppure ancora quelli tra un minibus e qualcos'altro...

L'automobile deve comunque destare sobrietà ed un pizzico di eleganza... Herry Ford diceva "ogni cliente può ottenere un'auto colorata di qualunque colore desideri, purché sia **nero**" ...e lo standard si è conservato nei secoli come colore di sobrietà ed eleganza. Sarà dunque evitata ogni altra colorazione che non sia nero o ... bianco! Sì, perché tutti gli altri colori invecchiano presto, e, con il passare del tempo (o della moda) calerà anche più rapidamente il valore della tua automobile.

A te lascio la scelta se comprarla nuova o usata ma... da sapere che un buon usato equivale al nuovo. Lascia stare le auto aziendali, le auto con molti passaggi di proprietà o quelle con più di dieci anni, anche se nuove. Prendi un buon usato con pochi kilometri, meno di 50'000. Non ci saranno poi così troppe differenze ed il risparmio lo potrai investire su accessori e manutenzione.

A titolo indicativo ti propongo 5 modelli sportivi, eleganti ed accessibili al tuo portafoglio, ...che ti daranno quel tocco di classe in più, un piccolo lusso per l'amore del motore!

MODELLO	FOTO	COSTO
Alfa Romeo Giulietta bianca		24'500 EUR
Volkswagen Golf nera		23'500 EUR

SEAT Leon bianca		24'750 EUR
BMW Serie 1 nera		24'650 EUR
Mini Cabrio nera		24'300 EUR
	TOTALE COSTO MEDIO :	**24'340 EUR**

Saranno da preferire interni neri oppure rosso sportivo. Gli interni neri o comunque in tonalità grigio scuro si sporcano molto meno che altri colori, mentre se vuoi dare un tocco di aggressività gli interni possono essere di un rosso scuro. Ottimi optional sono anche i fendinebbia oppure i vetri posteriori oscurati... da valutare caso per caso. Ultima cosa (fondamentale): il cambio?

...rigorosamente manuale...

Poi per la potenza del motore più ami il suono più grande sarà. Attenzione però a non esagerare... il guadagno è risparmio! Ma quant'è il costo annuale? Bhe,... se calcoliamo un ammortamento di 5-6 anni (di più proprio non la teniamo, soprattutto se già utilizzata da un secondo proprietario) il costo sarà di circa 4500 EUR l'anno.

P.S. ...dimenticavo... NO AUTO ASIATICHE, specialmente cinesi o indiane... no, perfavore, NO !! La tradizione dell'auto sportiva sta in Europa. Grazie.

3.3 La dimora

C'è chi sogna la villa hollywoodiana, c'è chi sogna il castello, che chi sogna la casa del mulino bianco... Ma perché avere una barca di soldi da sborsare quando la maggior parte del tempo che si sta a casa è per dormire? ...bella domanda, eh?! Sì, infatti la maggior parte del tempo che si spende a casa è per il riposo: dormire, mangiare, sdraiarsi sul divano, doccia e... dormire, mangiare, sdraiarsi sul divano, doccia,... Allora perché avere una casa di 200, 300 o 400 metri quadri con tanto di piscina quando tutte questi metri quadri non li userai mai (a meno che tu non ti dia a qualche servizio di hosting) ?

La mania di grandezza, la mania del lusso hollywoodiano, la mania del calciatore stra-ricco. Tutto questo lavaggio di cervello ti ha messo in testa che essere ricco, vivere nel lusso equivalga al grande e costoso. Balle. Il vero ricco, il benestante trova il suo lusso un comodo appartamento di città. Vedi poi il lato posivo, di scendere al piano terra e trovarti già nel cuore della città, senza pensare a lunghi e dipendiosi spostamenti.

Un appartamento è la soluzione migliore per chi vuole economizzare i costi di riscaldamento, spese generali, manutenzione, ecc. pur avendo tutto il comfort di una abitazione tutta sua. Allora: concentrati su questo obiettivo e lascia perdere tutte le soluzioni più dispendiose come villoni e casali (molto spesso da rimetterci mano in ristrutturazioni ed ammodernamenti). Prenditi un comodo appartamento in città, il quale, tra l'altro, ti farà risparmiare i consumi dell'auto per gli spostamenti. L'appartamento ti darà poi meno problemi e meno fastidi di manutenzione, pulizia, rinnovo, ecc. e dunque salverai del tempo e del denaro concentrandoti sui tuoi investimenti.

Al posto di spendere ogni giorno 1 ora per pulizie, piccole riparazioni, sostituzione di quei mobili tanto obsoleti che ti trovi all'ingresso, oppure delle tende che ti avevano regalato utilizza le tue risorse per dell'altro. Avrai così una dimora propozionata ma ben curata e tutti i soldi che risparmi saranno ottimi per il tuo investimento.

Se, poi, vuoi proprio stare lontano dal traffico urbano, dall'ammontare di smog e caos tipico delle città nostrane, allora ti consiglio una bella villetta nella prima periferia. Sì, non troppo lontano dai centri e non troppo vicino alle sperdute campagne. Insomma... trova il giusto compromesso! Fatti il tuo bel recinto verde per stare lontano dai vicini rompiscatole, cerca di scegliere delle soluzioni e dei materiali che non ti aumentino i costi di manutenzione e poi **evita il troppo verde**... ti farà perder tempo da altre cose molto più importanti!

Le villette indipendenti hanno il vantaggio che tutte le spese sono direttamente controllate da te e dunque risparmiera le lunghe liti durante le riunioni condominiali. In più non hai i fastidiosi condimini che controllano quello che fai dalla mattina alla sera. Ma ...le spese aumentano (!) di parecchio in rapporto a vivere in un proporzionato appartamento nella città. Dunque fai bene i calcoli e scegli una villetta non troppo grande. Moderazione ed occhio alle finiture, ...questo è il segreto se ami restare indipendente senza dover spendere una cifra ogni anno tra tasse, rifiuti, manutenzione, ecc. che - lo devi sapre - saranno tutte a carico tuo.

Le villette di prima periferia le puoi trovare facilmente agli stessi prezzi al metro quadro di un appartamento di città ma ti consiglio di vederne qualcuna non ancora costruita, o meglio, costruita sulla carta. Molte imprese vendono prima gli alloggi di realizzarli, ad un prezzo agevolato visto l'anticipazione degli incassi. In questo modo il prezzo della tua abitazione sarà scontato. Ma fa ATTENZIONE ATTENZIONE ATTENZIONE a non cascare in piccole (o grandi) imprese che ti possono rifilare la fregatura: informati bene, chiedi i pareri di chi abita in condomini già costruiti da questa ditta qua, cerca di capire come lavorano e la loro solidità patrimoniale. Informati bene sulle garanzie bancarie dell'impresa, sui costi extra di finiture speciali e quant'altro. MA, se non vuoi rischiare troppo e non ti senti sicuro, acquista una buona abitazione già abitata ma non troppo vecchia. Di preferenza la tua abitazione non dovrà avere più di 40 anni dall'ultima ristrutturazione effettuata sull'immobile. Questo è un punto fondamentale per evitare le "sorprese". Ad ogni modo, lo ripeto ancora una volta: le villette singole sono un gran lusso, ma fai attenzione alle spese che sono tutte a tuo carico.

CAPITOLO 4
IL LUSSO DEL TEMPO LIBERO

4.1 Le ferie

Ed eccoci arrivati al tempo libero, quel piccolo lusso che solo in pochi se lo possono permettere. Sì, perché ferie significa che tu hai un (buon) lavoro. Ferie è un lusso da non portare all'eccesso. Le ferie sono il meritato riposo che ti meriti. Ferie sono il momento in cui ti stacchi dalla tua occupazione per ricaricarti di energie. Le ferie sono un lusso, indiscutibile su questo.
Cerca di sfruttare al massimo questo momento di pausa dalla tua attività ricorrente. Cerca di evitare di **non** impegnarti ancora in lavoretti di casa, faccende e quant'altro. Stacca la mente e ricaricati di energia. E' NECESSARIO. E' infatti constatato da molti autori come un momento di pausa, di riflessione e di totale riposo sia gioviale per il benessere, la salute ed il relax mentale. Concediti dunque di rilassarti, di liberare il tuo stress senza pensare ad altro che non al tuo benessere.
Per le ferie ci sono moltissime scelte, in moltissimi luoghi ma quale scegliere? Bhe, per prima cosa ti consiglio di evitare i periodi di massa quali agosto e le vacanze natalizie, dove c'è una marea di gente che si affolla e si affossa per

prendere un ombrellone o per bere una cioccolata calda al bar. Cerca dunque di evitare i periodi di punta, dove tutto è più caro e la qualità scende. Dunque …USA LA FURBIZIA ! Cerca di raggiungere la tua meta ideale nei momenti di bassa stagione, dove puoi assaporare le bellezze del luogo ma al contempo risparmiare evitando salassi. Perché pagare il doppio un ombrellone? Perché pagare il doppio un hotel? Perché ritrovarsi con il detestato vicino di casa a distanza di qualche ombrellone da te? Evitalo! Cerca di evitare le resse e le lunghissime code autostradali. Mai cosa peggiore è l'accumulare dell'altro stress per le ferie. Dunque sii furbo, sii astuto… cerca la perla rara nel momento di calma a fine o inizio stagione, lontano da altro caos.

Poi, se puoi, cerca di trovare delle vacanze che ti arricchiscono. Ci sono molte belle mete anche nelle città d'arte, oppure nei parchi di montagna. Prova a vedere le mete "alternative". Queste sono una bellissima scoperta e ti possono far risparmiare anche un sacco di soldi perché non gettonate. Prova dunque a scegliere la montagna al posto del mare d'estate, o una città d'arte in autunno anziché le piste di sci in inverno, oppure un capodanno in quel borgo vicino a casa piuttosto che affaticarsi in controlli doganali, bagagli ingombranti, lunghe ore d'attesa nella speranza di raggiungere delle costosissime spiagge tropicali raggiungibili solamente a distanza d'aereo.

E dai un occhiata anche alle mini-gite che ti prendono un fine settimana o poco più. Magari aggiungici uno o due giorni di ferie e trasforma il tuo long weekend in una vera e propria (mini) vacanza. Spesso si dimenticano posti a pochi km da casa, perle rare che ti possono allietare l'umore e far risparmiare il portafoglio. Casali, castelli, borghi medioevali, gite culinarie, tour di musei... e chi più ne ha più ne metta. E' il turismo a "km 0" che viene trascurato ma può essere una piacevolissima sorpresa, senza prendere l'aereo, senza prendere la crociera. E allora: perché non provarlo? ...salverai molti soldi a parità di relax.

E poi ci stanno tutte le altre soluzioni low-cost. Quali B&B, guest-house, campeggi, caravan, camper, ecc. ...le soluzioni per il risparmio sono veramente infinite. Prova a spulciarne un po' anche su internet con attenzione e **sempre** leggendo le recensioni degli utenti e di chi c'è stato. Le recensioni infatti sono un ottimo modo per capire se effettivamente il posto ne vale la pena. Non farti ingannare da foto e descrizioni millantanti che trovi nel sito internet di quell'albergo o quel ristorante. Sii furbo, sii astuto... cerca di capire cosa ci stà veramente dietro. Molto spesso si trovano anche compagni di viaggio e siti internet in cui cerchi "l'amico di viaggio" per valutare e scoprire nuovi posti con un appassionato di viaggi. Poi, se puoi, portarti dietro i tuoi affetti ...tanto meglio. Allora: buone ferie!

4.2 Gli amici

Gli amici devono essere tanti e preziosi. Soprattutto quando possono introdurti a delle altre amicizie importanti per creare il tuo consolidato gruppo di forza. Gli amici possono essere un utilissimo alleato nel tuo lavoro. "Il gruppo fan la forza" si sente spesso dire, anche se sarebbe più corretto dire "gli amici fan la forza". Sì, perché gli amici ti possono stare anche vicino anche nei momenti meno opportunistici e senza un tornaconto da parte loro. Dunque costruisciti il tuo gruppo di amici e cerca di gestire le dimamiche all'interno di esso. Non avere paura di sbagliare, tanto restaranno sempre tuoi amici. Ed è un vero ottimo esercizio anche per saper gestire le tue relazioni in generale (clienti, collaboratori, ecc.). Degli amici puoi fidarti e loro lo percepiscono, stanne sicuro. Ed allora,... concediti di tanto in tano una sana chiaccherata con il tuo amico in ufficio, oppure una uscita serale col tuo amico di sempre. <u>Cercati occasioni per incontrare nuovi amici</u> e persone per aumentare la tua confidenza verso gli altri. Sappi farti voler bene e guadagna l'amicizia degli altri... ti può tornare utilissima! Facendo così imparerai a gestire le persone non solo nelle frivolezze della vita quotidiana ma anche nell'ambito lavorativo.

Puoi poi coltivare le amicizie anche il prestigiosi club quali il Rotary, Lyons, Round Table, ecc. nei quali le amicizie vengono valorizzate in importanti opere di servizio verso le comunità. Oppure associazioni di carattere più locale, quali le associazioni di quartiere o di borgata per consolidare il tuo legame nel territorio e nel vicinato. Oppure ancora delle circoli di carattere culturale, musicale, pittura, di lettura, ecc. ecc. ecc. La lista è davvero ampissima e sicuramente, seguendo la tua passione, troverai un gruppo nel quale coltivare le tue amicizie ed anche le tue passioni. Cercalo. Entraci. Coltiva le amicizie. Nulla di più facile, dunque. E queste amicizie ti porteranno ad aprire altre porte, a far conoscere altre persone e situazioni che ti potranno essere utili anche nella tua attività professionale. Utilizzale ! Utilizza le tue amicizie, il tuo network di amici per far crescere te stesso ed anche la tua attività.

Infine non dimenticarti la valvola di sfogo che possono essere gli amici. Ridere, scherzare, divertirsi. Esperti hanno constatato che chi ride di più accresce il livello di autostima, capacità di sopportare il dolore, di far fronte alle sfide della vita quotidiana. Il ridere aiuta il cuore, a rilassare i muscoli, cervello e polmoni. **Ridere è un toccasana!** Tra le varie cose che fa bene ridere è inoltre lo stimolo del sonno, l'esercizio fisico dei muscoli facciali, miglioramento del diaframma, stimolo antidepressivo, abbassamento della pressione arteriosa, aumento dell'endorfine e persino il generale rafforzamento del sistema immunitario. E allora,... ridi INSIEME ai tuoi amici.

4.3 L'amore

Ed eccoci qua all'ultimo importantissimo capitolo. L'amore! Sì, perché l'amore sta tra quelle cose importanti che ci devono essere nella tua vita. Non trascurare gli affetti per il successo, non trascurare la tua patner per qualche centinaio di euro in più. Trova il giusto equilibrio e trova la tua anima gemella con la quale condividere i tuoi successi. Lei sarà sempre con te e ti darà una forza <u>INCREDIBILE</u> nel continuare i tuoi progetti e la tua attività. Una forza <u>SPECIALE</u>. Cerca dunque di non trascurare la tua dolce metà ma rendigliene grazie del tuo successo. Rendigli grazie della <u>FORZA</u> che ti trasmette. Sii grato per l'energia positiva che ti trasmette. Questo ti tornerà utile nel tuo lavoro, nel tuo fare di ogni giorno, nelle sfide che stai compiendo.

Rafforza il tuo rapporto con la tua compagna, cerca di trovare il feeling giusto per condurre una vita **stabile** e **duratura** con lei. Cerca di trovare una serenità insieme, quel giusto pizzico di complicità che può rendere la tua "lei" un vero importante pilastro **forte** delle tue giornate. Bastano poche cose, piccoli gesti per ottenere un rapporto di fiducia reciproca, dove puoi fare confidenza senza avere nessun dubbio su ciò. Questo ti allieterà la vita e ti renderà più forte di molte persone che sono abbandonate a se stesse.

Non hai trovato ancora la tua anima gemella? E cosa aspetti?! Se sei ancora single cerca la tua anima gemella in ambienti culturali vicini al tuo nuovo modo di essere te stesso. Cerca di capire chi potrebbe essere complementare a TE. Cerca di capire qual è quella piccola cosa che la renderà **speciale !** Cerca una persona che ti dia in cambio qualcosa di fondamentale per te.

Spesso l'amore è amicizia, ma anche uno scambio di piccole cose, pensieri, idee, emozioni che si compensano a vicenda. Cerca dunque di trovare la persona che compensi le tue mancanze per renderti FORTE anche nella vita quotidiana. Quella "marcia in più" che ti può dare la tua amata è facilmente raggiungibile. Sicuramente ti sta già attendendo in quel solito locale che frequenti, oppure tra gli uffici del palazzo di fronte, oppure sarà proprio alla fermata di quel bus che non prendi mai... La tua dolce metà la riconosci subito: ti **compensa** e ti rende **forte** per affrontare tutte le **sfide** che ti occupano ogni giorno. **Insieme è meglio.**

CAPITOLO 5
FACCIAMO IL CONTO DI COME AVERE I ...SOLDI!

5.1 Promemoria della persona ricca

Leggi, rileggi e questo breve manuale. Magari ti sono sfuggite delle cose oppure le puoi rivedere sotto un altro punto di vista... Se poi ritieni che ti sia stato veramente utile, oppure se vuoi condividere questa tua esperienza con un' altra persona a te vicina suggeriscigli questo piccolo libro, questa piccola guida verso il successo economico e l'indipendenza finanziaria. E tu lo sai: non c'è cosa più bella di sentirsi realizzati !

"Ricordati che risparmio = guadagno. Ricordati che tu hai già tutte le capacità per realizzarti. Ricordati che ti basta solamente ottrimizzare e far leva su ciò che hai. Ricordati che sei un campione. Ricordati che sei un benestante. Ricordati del lusso. Ricordati della perseveranza. Ricordati della costanza. Ricordati della crescita. ecc. ecc." ...ripeti ogni giorno queste frasi a te stesso. Ripeti delle frasi che ti aiutano a star bene. Ripetilo fino a quando non saranno diventate parte del tuo fare. Un promemoria per te stesso ed un ottimo esercizio per avere COSTANZA nel processo del TUO benessere. Un bell'esercizio è proprio quello legato al ripeterti dei "must" della vita. Non esistono, come più volte detto, delle "pozioni magiche" ma solo te stesso e quello che puoi fare dalle risorse che disponi. Ormai sai come utilizzare queste risorse, come far LEVA sulle TUE risorse... continua a prativare, giorno dopo giorno, quello che hai appreso. Un lusso riservato a pochi...

E poi approfondisci, leggi, discuti con i tuoi amici sulle loro esperienze di crescita. Non strafare e non fare mai vedere di essere diventato un ultra-ricco. Cadresti nel ridicolo, faresti allontanare gli altri ed otterresti l'effetto contrario di ciò che stai cercando. Il benessere è bello quando è stato ottenuto con un <u>processo di crescita sano</u>, rispettando i tuoi tempi. Dunque ti consiglio la moderazione per una crescita più solida e duratura. Vedrai che la ricchezza che hai accumulato è disponibile a pochi. Un lusso. Rispetta questo tuo nuovo status. Cresci, fortificati, diventa ricco sempre restando consapevole del contesto, dell'ambiente, del mondo che ti ha dato questa **<u>speciale</u>** opportunità !

5.2 Dulcis in fundo

Bene, se hai applicato tutto quello che ho scritto sicuramente avrai notato un miglioramento della tua vita. Ora sei più forte fisicamente, più forte interiormente, più capace, con più amici e più soldi ma pursempre conservando la tua integrità! ...benvenuto nel benessere! ...benvenuto nel LUSSO! Senza perdere la tua dignità, i tuoi valori o l'onestà. Ricordati che si può crescere anche senza ingannare. Ricordati che si può crescere in maniera salda con la forza di volontà e l'applicazione. Bello eh? ...nessuno te lo aveva mai detto prima! MA... ora lo sai!

E' un percorso lungo che non termina mai. Infatti non bloccarti davanti agli ostacoli ma persevera verso la perfezione di te stesso. I soldi fanno soldi come la determinazione rende determinati. Hai solo da continuare a raccogliere i frutti del tuo impegno. Puoi anche guardare da dove sei partito per vedere dove sei arrivato, quanta strada hai percorso e quanta ne puoi ancora percorrere. Il cammino che hai intrapreso non è che una lunga maratona ed ad ogni passo in più che fai i tuoi tendini, i tuoi muscoli, il tuo spirito si rafforza.

Sicuramente tutto il percorso che hai fatto per ottimizzare te stesso ti ha anche portato ad una grossa cifra di risparmio e guadagno. Bhe, è semplicemente il frutto del sacrificio e l'abilità di **saper sfruttare ed ottimizzare** ciò che le circostanze ti hanno dato. Ed eccoti arrivato! BRAVO! BRAVISSIMO! ...continua così e non mollare MAI! MAI! MAI! ...per nessuno non mollare il tuo percorso... e benvenuto! Benvenuto nel privilegiato club del 10% più ricco del pianeta...

Siti internet utili e tanto altro ancora...

[1] https://www.ilsole24ore.com/art/tecnologie/2012-05-18/mark-zuckerberg-fosse-nato-162339.shtml

[2] https://www.bintmusic.it/divario-ricchi-poveri-mondo/

[3] https://www.adnkronos.com/lavoro/cerco-lavoro/2016/05/20/delle-opportunita-lavoro-nascosto-piu-del-conta-networking_4y206FWAo1ZJ60VRnTgHOJ.html

[4] https://www.soisy.it/costi-nascosti-un-costo-opportunita/

[5] https://consiglibenessere.org/dieta/

[6] https://www.my-personaltrainer.it/BMI_FM.htm

[7] https://www.ideegreen.it/quanta-acqua-bere-37330.html

[8] http://www.blogdelbenessere.it/post/1105/aumentare-la-massa-muscolare-a-corpo-libero.html

[9] https://lifelearning.it/corsi-online-gratuiti

[10] https://liberliber.it

[11] https://it.wikipedia.org/wiki/Audiolibro

[12] http://www.leitv.it/benessere/vita-da-ufficio-10-regole-per-sopravvivere-ed-essere-felici/

[13] https://intraprendere.net/2662/come-diventare-imprenditore

[14] https://aforisticamente.com/2014/10/10/frasi-citazioni-e-aforismi-su-eleganza/

[15] https://www.allaguida.it/articolo/acquistare-un-auto-nuova-cosa-fare-e-consigli-10-errori-da-non-commettere/122407/

[16] https://www.homeexchange.it/blog/5-consigli-per-ridurre-i-costi-dellaffitto-della-casa-in-vacanza/

[17] http://www.informagiovaniroma.it/citta-e-tempo-libero/approfondimenti/volontariato/il-volontariato-in-italia

[18] https://www.riza.it/psicologia/coppia-e-amore/2402/l-anima-gemella-come-riconoscerla.html

[19] https://www.greenme.it/yoga/7878-yoga-tutti-benefici

www.ingramcontent.com/pod-product-compliance
Lightning Source LLC
Chambersburg PA
CBHW040358220526
45473CB00018B/341